Género Ficción realista

Pregunta esencial

¿De qué formas las personas muestran que les importan los demás?

Un experimento genial

Antonieta Villalba Zúñiga
ilustrado por Viviana Diaz

Capítulo 1
Somos diferentes 2

Capítulo 2
La reflexión de papá 6

Capítulo 3
El experimento 10

Respuesta a la lectura 16

LECTURA COMPLEMENTARIA **Un regalo deportivo** 17

Enfoque: Género 20

Capítulo 1

Somos diferentes

Mi nombre es Ignacio y tengo 10 años. Mi casa es uno de los lugares más bonitos que conozco. Tiene habitaciones iluminadas y calientitas. También hay un lindo jardín y una chimenea.

A propósito del jardín, allí es donde siempre está Cleo, mi perro. Cuando era cachorrito me hice cargo de él porque mis vecinos, que eran sus dueños, se fueron de la ciudad. Es como un hijo adoptivo para mí.

Tengo dos hermanos a los que quiero mucho. El mayor se llama Pedro. Susana es mi hermanita menor. ¡Aunque somos hermanos, somos completamente diferentes! Voy a contarles por qué.

Hace poco me di cuenta de nuestras diferencias. Esto me causó mucha curiosidad porque tenemos los mismos papás.

La tía Martha ya conocía todas mis inquietudes. Y un día, mientras comíamos fruta en el jardín de la casa, nos preguntó:

—¿Qué es lo que más te gusta hacer, Ignacio?

—Bueno, algo que me gusta mucho es dibujar dragones feroces en inmensos castillos. Uno de mis juegos favoritos es armar pistas y hacer que mis carros compitan. Ah, y corretear con Cleo en el jardín.

—¡Qué bien! —dijo la tía Martha, dándole un mordisco a un trozo de papaya. Luego, le preguntó a Pedro lo mismo y él respondió:

—Mmm, a mí me gusta jugar fútbol. Cuando estoy solo en mi cuarto, escucho música. También he compuesto algunas canciones. Me gustaría que las escucharan apenas arregle unos detalles.

Susana había terminado de comer. Entonces fue corriendo a jugar en el balancín que mi padre había puesto en el jardín. Mientras tanto, le conté a mi tía:

—A Susana le fascina jugar con sus muñecos. También le encanta leer tiras cómicas de súper héroes. Dice que estas historias son súper divertidas.

Cuando Susana regresó, entramos a la casa y nos sentamos en el sofá a conversar animadamente.

AHORA COMPRUEBA

¿Cuántos hermanos tiene Ignacio?

Pedro nos habló de un interesante documental que narraba la vida cotidiana en China y Perú. Su maestro de Estudios Sociales lo había proyectado en la clase. En este, se filmaba la vida de dos hombres. Uno había nacido en China. El otro había nacido en Perú.

A Pedro le llamó la atención porque exponía las diferencias culturales entre las personas. Estos dos hombres se habían conocido en un viaje. Ahora eran muy buenos amigos y mantenían una comunicación constante. El entrevistador del documental les preguntó a los dos amigos:

—¿Podrían decirnos qué es lo más representativo de sus países?

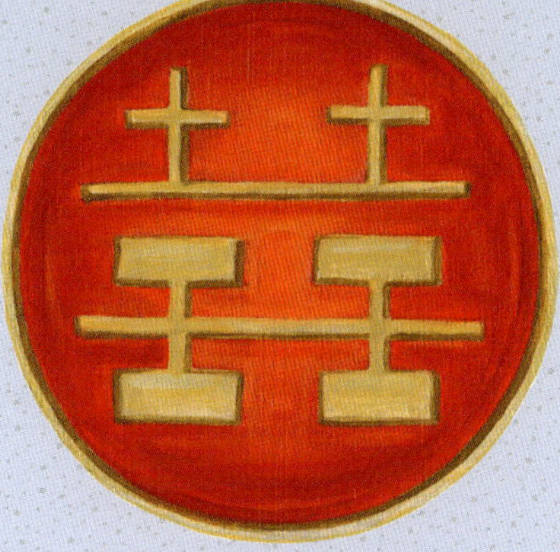

—Para nosotros los chinos, nuestra caligrafía es un motivo de orgullo. Cada palabra es representada por una serie de trazos que parecen dibujos. Los llamamos caracteres y contienen una gran sabiduría milenaria.

—Algo que nos llena de orgullo a los peruanos es la herencia de nuestros antepasados incas. Aún conservamos construcciones como Machu Picchu. Esta es considerada una obra maestra de la arquitectura. Incluso, hoy en día, sigue generando interés entre los ingenieros y arquitectos.

Los dos amigos hablaron de las costumbres que los diferenciaban. Afirmaban que, a pesar de esto, era maravilloso aprender del otro. Habían entendido que así como cada región del planeta es diferente, también lo son sus habitantes. Esas diferencias enriquecen las relaciones entre los seres humanos.

Para mí fue revelador lo que Miguel nos había contado. Fue como si se hubiera encendido una bombilla en mi cabeza. Tal vez eso era lo que pasaba en mi familia, pero lo extraño es que todos vivimos en un mismo lugar.

De manera que debía seguir investigando sobre las diferencias tan grandes que existían entre mis hermanos y yo. Tenía que encontrar una respuesta.

Capítulo 2

La reflexión de papá

Ese día, cuando papá fue a mi habitación a desearme las buenas noches, le pregunté:

—Papi, ¿por qué mis hermanos y yo somos tan distintos? A veces no parecemos de la misma familia.

Se quedó pensativo y luego respondió:

—Te voy a contar algo. Cuando tu mamá y yo éramos jóvenes no teníamos muchas cosas en común. De hecho, cuando nos conocimos pertenecíamos a un grupo de teatro, pero a ella no le agradaba presentarse ante grupos grandes y a mí sí.

—¡Qué divertido! ¿Qué otras cosas hacían cuando eran jóvenes? —pregunté.

—A tu mami le encantaba ir a caminatas ecológicas. Mientras tanto, yo prefería estar enterado de los últimos avances tecnológicos. Sin embargo, respetábamos nuestras diferencias. De hecho, aún lo hacemos. No creas que pensamos exactamente igual y que nos gustan las mismas cosas. Eso sería muy aburrido, ¿no te parece? —dijo papá.

—¡Ajá! Empiezo a comprender lo que me dices. Imagínate que a todos nos gustaran las mismas cosas, no tendríamos de qué hablar. Muchas gracias por contarme lo que hacían ustedes cuando eran jóvenes —dije, y mis ojos se empezaron a entrecerrar por el sueño.

—Que descanses, hijo. Ten dulces sueños —dijo papá mientras me arropaba con mi manta favorita.

Al día siguiente, decidí dibujar las diferencias de mi familia. Así que con unos marcadores de colores y unas hojas de papel, me senté en el escritorio y empecé a dibujar.

Primero, tuve que pensar qué era lo que más le gustaba a cada uno. Empecé por mi hermano Pedro. Lo dibujé escuchando música y tocando su guitarra eléctrica. Luego, dibujé a mi hermanita Susana leyendo una tira cómica. Por último, me dibujé en medio de una pista de carreras. No podía faltar el auto azul, mi preferido por ser el más veloz de toda la colección.

Estaba tan concentrado que di un salto de malabarista cuando escuché unos golpes en la puerta.

—¿Quién es? —pregunté.

—Yo, hijito. ¿Puedo entrar? —respondió papá.

—Por supuesto, sigue, papi. Te quiero mostrar algo que estoy dibujando. ¿Ves?, mis hermanos y yo, cada uno haciendo lo que más le gusta.

Papá sonrió cuando vio los dibujos. Me dijo que habíamos quedado muy guapos. Luego, puso la cara seria y añadió:

—Anoche hablé con tu mami sobre nuestra conversación. Me dijo que, cuando era niña, tu tía Martha y ella discutían con frecuencia porque sus gustos eran completamente diferentes. Físicamente eran idénticas, pero sus personalidades eran opuestas.

—¿Cómo así? ¿Me puedes explicar, por favor?

—Claro, hijito. Los fines de semana, tu mami practicaba karate y tu tía Martha asistía a clases de baile. Así que tu abuela les dio una lección para que aprendieran a valorarse como hermanas, a pesar de sus diferencias.

AHORA COMPRUEBA

¿Qué está dibujando Ignacio?

—¡Una lección! ¿Cuál? —pregunté lleno de curiosidad.

—Durante una semana las dos debían cambiar de roles. Después de llegar de la escuela, tu mamá aprendería a bailar y tu tía practicaría karate. Con esta experiencia, cada una logró ponerse en el lugar de la otra. Fue una idea original de la abuela para que las dos aprendieran a respetarse. Además, compartieron más tiempo juntas —explicó papá.

—¿Sabes? Se me está ocurriendo una idea genial —dije con emoción.

—Cuéntame, hijo. Podría ayudarte a ponerla en práctica.

Detective del lenguaje

¿Qué pronombre podrías utilizar en la oración subrayada para que concuerde con el verbo?

Capítulo 3

El experimento

Papá estaba al tanto de mi interés por investigar las diferencias entre mis hermanos y yo. Él comprendió que yo quisiera realizar un experimento, pues esa podría ser una forma de responder todas las inquietudes que revoloteaban en mi cabeza. Aunque el documental que nos narró Pedro y la conversación con papá me habían ayudado a resolver algunas dudas.

Justo en ese momento, Pedro y Susana entraron a la habitación. Así que aproveché para contarles a los tres mi idea.

—Desde hace unos días me he preguntado por qué siendo hermanos somos tan diferentes. A veces parecemos de familias distintas —dije.

—¡Ja, ja, ja! No había pensado en eso. Somos hermanos, es curioso que nos gusten cosas tan distintas —añadió Pedro.

—Les propongo algo: podemos hacer un experimento —dije emocionado.

—Mmm, ¿en qué consiste? —preguntó Susana con curiosidad.

Papá nos miraba atentamente. Estaba interesado en conocer cómo se iba a desarrollar el experimento.

—Por un día, Susana hará lo que le gusta a Pedro; él, lo que a mí me agrada y yo me divertiré como lo hace Susana —les expliqué.

—¡Yupi! ¡Suena muy divertido! Nunca se me habría ocurrido esa idea. Se la contaré a mis amigos para que hagan lo mismo —dijo Susana saltando como un pequeño conejo.

—Mañana después de desayunar, podemos encontrarnos en el dormitorio de Pedro. Será muy divertido. Tal vez podamos aprender cosas nuevas.

Al día siguiente, después de tomar el desayuno, fuimos a la habitación de mi hermano.

Mamá y papá nos apoyaron con la organización de la prueba, así ahorramos tiempo. Pedro le prestó a Susana su grabadora para escuchar música y su guitarra.

AHORA COMPRUEBA

¿Qué le presta Pedro a Susana? ¿Para qué?

POW

Yo le di a Pedro mis marcadores de colores y muchas hojas de papel para que dibujara. Susana me entregó sus tiras cómicas de súper héroes. Cada uno escogió un lugar de la casa para realizar la actividad.

Cuando terminamos, nos reunimos en la sala para comentar nuestras experiencias.

—Siempre me ha gustado la música, pero esta es la primera vez que la escucho con tanta atención. Es muy bonita la forma en que los instrumentos crean una melodía —expresó Susana satisfecha con la prueba.

—Hace mucho que no dibujaba. Salí al jardín y pinté el cielo, el olmo que sembramos cuando nació Susana y dos coloridos pajaritos. Fue una experiencia agradable. Recordé los dibujos que hacía cuando era más pequeño. ¡Ignacio, los voy a buscar y te los voy a regalar! —exclamó Pedro.

—Yo disfruté mucho leyendo las tiras cómicas de Susana. Me emocioné tanto que terminé haciendo los mismos movimientos de los súper héroes cuando atrapaban a un villano —les conté entre risas a mis hermanos.

Seguimos comentando un rato más lo que habíamos vivido en nuestro experimento. Nos reímos mucho. Además, sentimos que esa experiencia nos había unido más que nunca.

Entendimos que las diferencias nos pueden unir, si estamos dispuestos a respetarnos y a compartir, de vez en cuando, lo que les gusta a los demás.

Mamá, que nos escuchaba atentamente, dijo:

—¡Qué maravilla! ¡Me alegra que el experimento haya funcionado! Les cuento algo, cuando era pequeña tenía muchas discusiones con la tía Martha. Así que mamá buscó una solución. Durante una semana bailé, caminé en puntillas y me vestí con el tutú de Martha. Ella dio patadas de karateca con mi kimono. Al terminar la semana, cada una respetaba los gustos de la otra.

Detective del lenguaje

¿Cómo se debería conjugar el verbo *disfrutar* si el pronombre fuera *nosotros*?

Después del experimento comprendí lo que me dijo papá acerca de lo aburrido que sería si a todos nos gustaran las mismas cosas.

Además, compartimos nuestra gran capacidad de amar y de divertirnos con pequeñas cosas.

Me sentí lleno de agradecimiento con la vida, porque me di cuenta de lo mucho que podemos aprender de los demás y enriquecer nuestras vidas.

Respuesta a la lectura

Resumir

Usa los detalles más importantes de *Un experimento genial* para resumir el cuento. Puedes usar el organizador gráfico como ayuda.

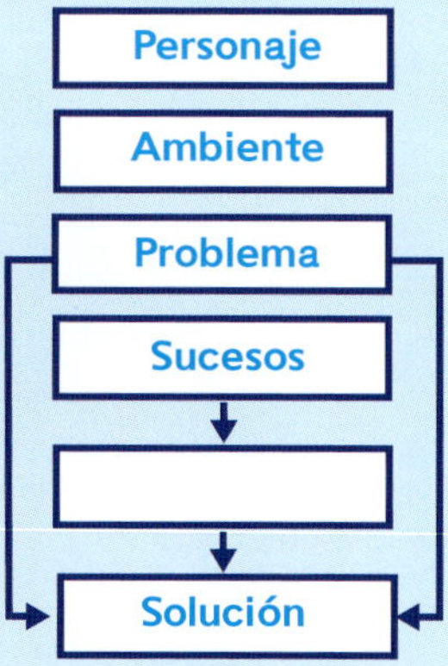

Evidencia en el texto

1. ¿Cómo sabes que *Un experimento genial* es un cuento de ficción realista? Identifica una característica del cuento que te permita determinarlo. GÉNERO
2. Ignacio, Pedro y Susana son diferentes, ¿qué aprendieron de sus diferencias? PROBLEMA Y SOLUCIÓN
3. En la página 5 aparece la oración *fue como si se hubiera encendido una bombilla en mi cabeza.* ¿Qué significa? SÍMILES Y METÁFORAS
4. Escribe cómo cambió la forma de pensar de Ignacio en el capítulo 2. ESCRIBIR SOBRE LA LECTURA

Género **Texto expositivo**

Compara los textos

Lee acerca de dónde comenzaron algunos deportes.

UN REGALO DEPORTIVO

Pensamos que muchos deportes son tan estadounidenses como la tarta de manzana, pero en realidad provienen de otros lugares.

Fútbol americano

Hay quienes afirman que el fútbol americano moderno comenzó en 1823 en Inglaterra. El estudiante, William Ellis, estaba jugando fútbol. Recogió el balón y corrió con él. Así se originó el *rugby*. En este, los jugadores pueden llevar y lanzar el balón con sus manos. Con el tiempo, el balón de *rugby* pasó a ser ovalado. Así era más fácil de llevar y de pasar.

En la década de 1870, el fútbol americano se jugaba más como fútbol que como *rugby*. Luego, los jugadores podían llevar y lanzar el balón con las manos. Para la década de 1880, estas reglas tipo *rugby* se popularizaron. Así nació el fútbol americano.

(tr)Lordprice Collection/Alamy, (br)Ilene MacDonald/Alamy

Béisbol

El béisbol comenzó como un juego infantil inglés llamado *rounders*. El *rounders* se juega con un bate redondo. Hay cuatro bases, un lanzador y un receptor. Los inmigrantes ingleses llevaron este juego a Estados Unidos. Allí cambió poco a poco.

Al estadounidense, Abner Doubleday, se le atribuye generalmente la "invención" del béisbol en Cooperstown, Nueva York, en 1839. Sin embargo, la investigación muestra que es más probable que las reglas del juego moderno fueran escritas por primera vez en la década de 1840 en Nueva York. Alexander Cartwright y otros tres miembros del equipo de béisbol New York Knickerbockers escribieron todas las "reglas de Nueva York". Estas finalmente se convirtieron en las reglas estándar del béisbol que se juega actualmente.

Design Pics/SuperStock

De Estados Unidos para el mundo

El baloncesto fue inventado en 1891 por un estadounidense llamado James Naismith. Él quería crear un juego bajo techo que fuera divertido. Deseaba mantener en forma a sus estudiantes durante el invierno. Naismith estableció trece reglas para jugar baloncesto. Actualmente, muchas de ellas aún son parte del juego.

El juego se llamaba "balón cesto" porque la cancha original tenía cestos para empacar duraznos a modo de aro. Sin embargo, los jugadores no le quitaban la base a los cestos. ¡Cada vez que encestaban, tenían que subir una escalera para sacar el balón! El baloncesto, sin los cestos para duraznos, se juega ahora en todo el mundo.

Haz conexiones

¿En qué se parecen el fútbol y el fútbol americano? **PREGUNTA ESENCIAL**

¿De qué manera *Un experimento genial* y *Un regalo deportivo* muestran la forma como las ideas pasan de una persona a otra? **EL TEXTO Y OTROS TEXTOS**

Enfoque:
Género

Ficción realista La ficción realista cuenta algo que podría suceder en la vida real. Los personajes se parecen a personas de la vida real. Los ambientes y los sucesos, aunque son inventados, podrían ser reales.

Lee y descubre En *Un experimento genial,* Ignacio Pedro y Susana deciden hacer lo que les gusta a los demás para entender sus diferencias. ¿Te parece que este experimento podría funcionar en la vida real?

Tu turno

Convierte uno de los diálogos que aparecen en *Un experimento genial* en una tira cómica. Usa las palabras que dicen los personajes y agrega tus dibujos. Puedes trabajar solo o con un compañero. Muestra tu tira cómica al resto de la clase.